PRIMA.NOVA
LATEIN LERNEN
LESEN 1

Das Geheimnis der sprechenden Statue

W0295804

C.C. BUCHNER

PRIMA.NOVA
LATEIN LERNEN

Herausgegeben von Clement Utz und Andrea Kammerer

Lesen 1 wurde bearbeitet von Michael Lobe.

1. Auflage, 2. Druck 2015
Alle Drucke dieser Auflage sind, weil untereinander unverändert, nebeneinander benutzbar.

© 2012 C.C.Buchner Verlag, Bamberg
Das Werk und seine Teile sind urheberrechtlich geschützt. Jede Nutzung in anderen als den gesetzlich zugelassenen Fällen bedarf der vorherigen schriftlichen Einwilligung des Verlages. Das gilt insbesondere auch für Vervielfältigungen, Übersetzungen, und Mikroverfilmungen. Hinweis zu § 52 a UrhG: Weder das Werk noch seine Teile dürfen ohne eine solche Einwilligung eingescannt und in ein Netzwerk eingestellt werden. Dies gilt auch für Intranets von Schulen und sonstigen Bildungseinrichtungen.

Lektorat: Bernd Weber
Gestaltung: i.motion gmbh, Bamberg
Einbandgestaltung: creo Druck & Medienservice GmbH, Bamberg/Julia Weismantel
Druck und Bindung: creo Druck & Medienservice GmbH, Bamberg

www.ccbuchner.de

ISBN 978-3-7661-**7979**-1

Liebe Schülerin, lieber Schüler,

ein berühmter römischer Dichter schrieb vor langer Zeit, dass Schriftsteller ihre Leser entweder unterhalten oder ihnen nützlich sein wollen. Dieses Bändchen will beides: Du wirst spannende Zauber- und Abenteuergeschichten lesen, nebenbei dein Latein verbessern und Sicherheit beim Übersetzen gewinnen. Das glaubst du nicht?
Probier es einfach aus und lass dich in die abenteuerliche Welt des jungen römischen Ehepaars Ämilia und Crassus entführen. Dann wirst du nicht nur erfahren, was es mit der sprechenden Statue auf sich hat, sondern wirst auch das Geheimnis der Höhle im Wald lüften, den Zauberer Mirificus kennenlernen, unheimlichen Gespensterspuk in einer römischen Villa erleben, dem grausamen Gewaltherrscher Tyrannus Rex begegnen und noch viel mehr Spannendes, Lustiges, Gruseliges und Rätselhaftes entdecken.
Die zusammenhängende Geschichte umfasst 17 Kapitel, die in Wortschatz und Grammatik genau der Reihenfolge deines Lateinbuchs „prima.nova“ folgen – und zwar ab Kapitel 6. Wenn du also die erste Geschichte liest, sind in ihr der Wortschatz und die Grammatik der Kapitel 1 bis 6 von „prima.nova“ vorausgesetzt. Jede weitere Fortsetzungsgeschichte übt den Wortschatz und Grammatikstoff des entsprechenden Buchkapitels ein, sodass du eine gute und vor allem unterhaltsame Zusatzmöglichkeit zum Üben hast.
Zur Überprüfung deines Könnens ist dem Bändchen eine herausnehmbare deutsche Übersetzung beigegeben. Diese solltest du aber erst dann benutzen, wenn du das entsprechende Kapitel tatsächlich gelesen hast.

Viel Spaß beim Lesen und Lernen!

Inhalt

6 Falscher Verdacht

Die 20 Jahre alte Ämilia macht mit ihren gleichaltrigen Freundinnen Cornelia und Secunda einen Einkaufsbummel durch Rom – es wird ein Tag mit ungeahnten Folgen. Doch lest selbst ...

Aemilia cum Cornelia et Secunda Romam petit. Mulieres ad forum properant. Nam amicae templa, basilicas, tabernas spectare amant. Tandem in foro sunt. Cornelia: „Videte turbam, amicae! Hic senatores curiam intrant, ibi liberi ad ludum contendunt, ibi servi laborant." Repente Secunda clamat: „Ecce! Lictores cum consule ad templum properant. Nunc adsunt. Videte! Ante templum lictores circum consulem stant. Subito consul signum dat. Nam palam dicere vult."

Statim populus undique illuc accedit. Quid consul palam dicit? Consul: „Salvete, Romani[1]! Gaudete victoria! Barbari non iam pugnant, sed arma deponunt. Nunc licet sine periculo vivere, vinum et cenam sumere, ridere. Romani numquam dubitant deos colere et patriam armis defendere." Turba clamorem tollit et consulem laudat: „Ave, victor! Laudamus te, quod tu semper bene pro patria pugnas et populum defendis. Pueri et puellae, adulescentes, mercatores, matres, senes te amant et colunt." Consul ridet, tum aedes intrat.

Aemilia et Secunda diu stant et de barbaris, de armis, de victoria cogitant. Sed Cornelia vocat: „Cur statis? Iam diu vestes spectare paro. Mercatores in tabernis vestes ostendunt et vendunt. Videte, amicae! Ibi mercator cum puero ante tabernam stat et populum exspectat. Cur non ad tabernam accedimus?"

[1] Rōmānus *Römer*

Paulo post amicae apud mercatorem et puerum sunt, tabernam intrant. Mercator post mensam consistit et rogat: „Quid petitis, dominae?“ Cornelia: „Vestem et fibulam[1] peto, sed fibulas non video. Ubi sunt fibulae?“ Mercator puerum vocat, tum iubet: „Accede, serve, et porta fibulas! Dominae fibulas emere parant.“ Paulo post puer cum fibulis adest. Diu Cornelia fibulas spectat et pretia rogat[2]. Denique fibulas deponit: „Fibulae placent, sed non licet fibulam emere; nam nimium[3] petis, mercator.“ Statim mercator clamorem tollit: „Cur tabernam intratis, mulieres, si[4] dona petitis? Dona numquam do, pecuniam semper peto. Sed ... ubi est fibula? Fibulam non iam video. Certe non dominae, sed fures estis. Date fibulam, fures!“

Subito puer surgit et vocat: „Dominae fures non sunt. Ecce, mercator! Hic in mensa fibula[1] est.“ Mercator spectat, tum tacet, denique amicas donis delectare vult. Sed mulieres dona non sumunt, tabernam relinquunt. Mercator puerum rogat:

[1] fībula *Gewandspange* – [2] pretia rogāre *nach den Preisen fragen* – [3] nimium *Adv. zu viel* – [4] sī *wenn*

„Cur dominae e taberna properant?" Puer respondet: „Cur rogas? Cogita! Tu dominas fures vocas. Itaque dominae te relinquere non dubitant, quod iniuria dolent. Certe non iam apud te vestes emere parant."

7 Wilde Pferde in der Stadt!

Primo amicae verbis et iniuria mercatoris dolent. Tum Cornelia dicit: „Vestes fibulasque[1] emere non iam volo." Secunda consilium amicae probat: „Hodie copiam vestium, togarum, tunicarum spectare nolo. Nolo tunicam cum tunica componere. Nonne ad forum contendere vultis?"

Paulo post amicae in foro sunt. Aemilia: „Nonne adulescentes videtis? Hodie togam virilem[2] gerunt. Nunc patres filios ad consilia admittunt. Spectate turbam matrum et patrum! Matres patresque filiis gaudent; semper oculos in togam filiorum convertunt. Etiam adulescentes gaudent; semper togam attingere volunt. Ecce! Nunc patres signa dant et filios ad sacrum et convivium vocant. In convivio adesse volo. Nonne etiam cenam cupitis? Circum forum tabernae sunt."

Secunda et Cornelia verba Aemiliae probant et respondere parant, sed subito clamor surgit: „Properate, patres, matres, filii! Forum relinquere debetis! Circiter viginti equi ad forum currunt, non consistunt. Properate in tabernas, in aedes, in templa, si[3] vivere vultis!" Pueri, puellae, adulescentes, matres, patres, mercatores forum relinquunt, currunt, aedificia complent. Etiam Cornelia et Secunda statim basilicam petunt.

[1] fībula *Gewandspange* – [2] toga virīlis *Männertoga* – [3] sī *wenn*

Sed Aemilia currere dubitat. Nam senem in foro videt. Senex clamat: „Adeste! Adeste! In periculo sum. Surgere volo, sed semper cado[1]. Non licet sine auxilio surgere et forum relinquere." Aemilia non iam dubitat, non iam cogitat. Clamat: „Ubi estis, patres? Accedite et portate senem e foro!"

Sed patres, mercatores, senatores in aedibus remanent. Aemilia: „Cur tacetis? Cur non acceditis? Barbari estis, si[2] senem non defenditis. Properate illuc! Equos iam video!" Tum Cornelia et Secunda amicae subito ante portam aedium sunt et vocant: „Nonne vivere vis, Aemilia? Relinque senem et propera ad amicas! Copia equorum iam in foro est!"

[1] cadere, cadō *fallen* – [2] sī *wenn*

8 Der Retter in der Not

Senex agmen equorum videt, frustra[1] surgere parat. Aemilia, Secunda, Cornelia, parentes, filii clamorem senis audiunt: „Venite! Vivere volo. Auxilium peto! Quis adest?“ Equi iam accedunt ... Subito Aemilia vocem audit: „Exspecta, senex! Iam ad te pervenio!“ Dominus[2] e templo currit et ad senem properat. Iam apud senem est et clamat: „Consistite, equi!“ Equi dubitant, non iam currunt, ante senem stant.

Tum dominus[2] signum dat. Statim servi accedunt. Equos attingunt et e foro per vias in circum ducunt. Parentes, filii, mercatores ex aedificiis veniunt, accedunt, vocem senis audiunt:

[1] frūstrā *vergeblich* – [2] dominus *Herr*

„Ave, patrone! Gaudeo, quod vivo. Quid pro auxilio petis? Tibi[1] praemium pro salute dare volo. Te colo, quod adesse non dubitas, quod bene agis, quod periculum defendis. Tibi gaudium parare et vestem pecunia complere volo.“ Dominus[2] respondet: „Audi, senex! Pecuniam praemiumque non peto. Sed intra templum, depone copiam pecuniae in ara, cole deos deasque! Nam dei semper de salute parentum, filiorum, filiarum, servorum, libertorum, puerorum, puellarum, adulescentium, senum cogitant. Itaque aras deorum attingere et sacra donis complere debemus. Nam certe non licet sine auxilio deorum negotia agere et bene vivere.“

Aemilia statim amicas rogat: „Quis est dominus[2]? Bene agit, quod deos laudat.“ Cornelia: „Crassus est. Pro patria tantum vivit, patriam tantum amat. Si[3] consules et senatores Crassum auxilium orant, agmina in gentes barbarorum ducit et patriam armis defendit. Post victoriam statim de pace agit, iniurias numquam admittit. Itaque Romani et barbari Crassum victorem semper laudant. Sed non iam pugnare vult. Nunc cum propinquis et sorore ad montes vivit. Ecce! Iam domum properat.“ Aemilia: „Certe uxor gaudet, quod Crassus non iam pericula petit. Ubi est uxor Crassi?“ Cornelia: „Cur rogas, Aemilia?“ Aemilia ridet et tacet. Etiam amicae nunc rident et vocant: „Aemilia Crassum amat, Aemilia Crassum amat! Aemilia uxor Crassi esse vult!“

9 Die List der Freundinnen

Amicae Aemiliae dicunt: „Crasso uxor non est.“ Aemilia gaudet et oculos in Crassum convertit. Cornelia Secundae gaudium Aemiliae ostendit: „Aemilia et Crassus bene conveniunt. Mores Crassi Aemiliae placent. Convenire debent. Consilium quoque habeo. Audi!“ Iam Cornelia Secundae de consilio narrat.

[1] tibi *Dat. dir* – [2] dominus *Herr* – [3] sī *wenn*

Amicae rident, tum Aemiliae dicunt: „Intra basilicam! Nam ibi hodie domini orationes more maiorum habent. Nonne orationes te delectant?“ Aemilia: „Gratias vobis ago. Orationibus interesse volo.“ Non dubitat, statim basilicam petit, intrat.

Amicae gaudent: „Consilium placet. Aemilia iam in basilica est. Nunc Crassum ad Aemiliam mittimus.“ Vocant: „Ades mulieribus, Crasse! Aemilia amica non iam adest. Sine te certe amicam non iam videmus. Nonne copia furum tabernas et templa circumvenit? Auxilium te oramus, Crasse. Nam munus domini est mulieribus adesse.“ Crassus amicis adesse non dubitat, sed accedit et dicit: „Salve, Cornelia, salve, Secunda! Vobis semper adsum, sicut debeo. Convertite oculos in tabernas! Ego[1] basilicam intro. Postea ad portam curiae convenimus.“ Amicae Crassum laudant: „Bene agis, Crasse. Consilio paremus.“

Crassus basilicam intrare parat, sed subito Aemilia e porta aedium venit. Amicas videt et rogat: „Ubi sunt domini? Ubi sunt orationes dominorum? Cur me in basilicam mittitis? Dicite: Cur me subito relinquitis? Nonne vobis mores sunt? Consistite!“ Amicae autem verbis Aemiliae non parent, non consistunt, properant. Subito Aemilia vocem audit: „Certe Aemilia es.“ Aemilia spectat ... et Crassum videt. Non iam de iniuria amicarum cogitat, sed gaudet. Crassus: „Te video et gaudeo. Cur non tabernam intramus?“ Aemilia ridet.

Paulo post Crassus Aemiliam in tabernam inducit. Ibi considunt. Servus primo mensam ornat, tum cenam in mensa deponit, denique hospitibus vinum et aquam praebet. Diu Aemilia et Crassus in taberna sunt. Crassus mulieri de agminibus et periculis itinerum narrat, Aemilia domino de fibula[2] et mercatore narrat. Vinum bibunt, rident, gaudent. Postea Crassus servo pecuniam dat atque gratias agit. Denique Aemiliam domum ducit.

[1] ego *ich* – [2] fībula *Gewandspange*

10 Amors Pfeil hat getroffen!

Einige Zeit später erhalten Cornelia und Secunda von ihrer Freundin Ämilia einen Brief:

SALVE, CORNELIA! SALVE, SECUNDA! EPISTULAM[1] MITTO, QUOD VOBIS PRO AUXILIO GRATIAS AGERE CUPIO. AEMILIAM AMICAM BENE SCITIS: CRASSUM AMO. CRASSUS QUOQUE CUM AEMILIA VIVERE VULT. ITAQUE MORE MAIORUM NUPTIAS[2] PARAMUS. CONTENDITE AD AEDES CRASSI ET INTERESTE CONVIVIO! AN VOBIS CONVIVIUM NON PLACET? RELINQUITE URBEM ET ITER FACITE EO, UBI AMICA AMICAS EXSPECTAT. SALUTEM DICO VOBIS.

Tandem nuptiae[2] adsunt. In aedibus Crassi servi et servae hospitibus iam cenam parant. Mercatores ex urbe et provincia veniunt. Cibos et vina portant et ante aedes deponunt.

[1] epistula *Brief* – [2] nūptiae, ārum *f Pl. Hochzeit*

Deinde Fabius mercator vocat: „Aemilia, Crasse, venite et aspicite copiam vinorum et ciborum! Dona mercatorum sunt. Hodie mercatores pecuniam non petunt. Nam Aemiliam uxorem et Crassum maritum[1] muneribus delectare volumus.“ Crassus sinistram amici corripit et gratias agit.

Paulo post multitudo hospitum adest. Etiam Cornelia et Secunda adsunt. Crassus et Aemilia hospites in aedes inducunt; ibi hospites considunt et cenam exspectant. Primo pater Crassi orationem habet, deinde amici Aemiliae uxori dona dant; tum poeta intrat, librum sinistra capit, carmina legere instituit. Tandem servi cenam portant. Hospites cibis atque vinis gaudent, bibunt, rident. Post cenam soror Crassi poetam rogat: „Placetne tibi, poeta, pro carminibus fabulam[2] narrare?“ Poeta: „Nonne vobis carmina placent?“ Soror respondet: „Certe carmina hospitibus placent; sed comites nunc fabulas audire cupiunt, ut puto.

[1] marītus *Ehemann* – [2] fābula *Geschichte*

11 Der Kaufmann und der Dieb

Poeta narrare instituit: „Audi, uxor! Audi, marite! Audite, hospites! Scitisne fabulam[1] de mercatore et fure?" Crassus: „Ego numquam fabulam audivi. Narra, poeta!" „Appio mercatori taberna in foro est. Ibi semper stat, vina et cibos vendit, consilia populo dat. Undique homines accedunt, cibos attingunt, probant, emunt. Appius vespere[2] semper forum relinquit et domum properat.

Olim[3] Nonius amicus Appium rogavit: ‚Facisne iter sine comite? Nonne pericula noctis[4] te ab itinere prohibent? Ante portas urbis fures certe te circumvenire cupiunt. Pecuniam petunt, etiam necem parant. Remane apud amicos in urbe! Crede mihi: Non licet sine auxilio comitis fures defendere. Tu sine armis pecuniam a furibus munire non potes.'

[1] fābula *Geschichte* – [2] vespere *abends* – [3] ōlim *einst* – [4] nox, noctis *f* *Nacht*

Appius: ‚Gratias ago, quod mihi consilium das. Sed iam diu sine comite domum propero. Crede mihi: Ego pecuniam a furibus munire possum. Sed numquam fures in itinere spectavi, numquam fures pecuniam petiverunt.‘

Iam Appius muros Romae relinquit, non iam de verbis et consilio Noni cogitat. Subito vocem viri audivit: ‚Da mihi pecuniam!‘ Appius: ‚Quis es?‘ ‚Fur sum. Pecuniam peto. Depone pecuniam ante te!‘ Appius primo verbis parere dubitavit. Sed ubi arma furis spectavit, statim pecuniam ante se deposuit. Fur statim pecuniam corripuit et vestem pecunia complevit. Fur: ‚Gratias ago, quod mihi pecuniam praebuisti. Remane hic! Noli clamorem tollere, si[1] vitam servare vis!‘ Statim fur Appium relinquit.

Primo mercator per iram clamare cupivit, deinde lacrimas non iam tenuit, tum flevit: ‚Cur non consilio Noni amici parui? Furem prohibere non potui. Oh Noni amice! Frustra mihi de periculis noctis[2] narravisti. Ego verba amici audire nolui. Nunc calamitas mihi est, sicut narravisti. Pecuniam non iam habeo.‘ Subito autem Nonius adest. Appius: ‚Cur hic es? Quid hic agis?‘ Nonius: ‚Audi, amice! Ego fur fui pecuniamque corripui. Amico enim pericula noctis ostendere cupivi, quod mihi credere noluisti. Sed nunc gaude: Hic pecunia est.‘ Appius ridet et pecuniam capit.“

Schon wollen die Hochzeitsgäste der spannenden Geschichte Beifall spenden, als der Dichter sie um Ruhe bittet. Denn dies war nur der erste Teil …

[1] sī *wenn* – [2] nox, noctis *f Nacht*

12 Eine unheimliche Begegnung

Poeta: „Audite fabulam[1], hospites! Certe scitis Appium mercatorem et Nonium nocte[2] ante muros urbis fuisse. Ibi Appius: ‚Dic mihi, Noni: Ubi sunt fures? Scio Nonium furem fuisse.' Nonius: ‚Bene est, amice. Constat hic fures esse. Ego certe scio hic fures esse. Sed narra: Quid nunc facere vis, Appi?' Appius: ‚Audi, amice! Non procul aedes mihi sunt. Propera mecum illuc! Ecce! Iam via propius ad ripam ducit. Certe scis ibi pontem esse. Per pontem postremo domum pervenire possumus.'

Subito Nonius: ‚St, Appi, tace! Nonne viros accedere audis?' Appius statim verbis amici paret, consistit, viam prospicit. Diu spectat, oculi iam dolent. Denique dicit: ‚Adhuc nihil[3] video, nihil audio. Visne me illudere[4]?'

[1] fābula *Geschichte* – [2] nocte *nachts* – [3] nihil *nichts* – [4] illūdere, illūdō *verspotten*

Sed Nonius: ‚Confide consilio amici: Relinque mecum viam! Puto enim fures viam intravisse.' Appius: ‚Credere non possum: Primum video Nonium fiduciā carere. Quid est? Ne calamitates quidem te convertere potuerunt. Tu semper sicut munitio fuisti et amicis in periculo salutem praebuisti. Itaque ...'

Repente autem Appius tacet – nam agmen furum in ponte stare videt. Appius et Nonius vident viros tela tenere. Nunc etiam vocem audiunt: ‚Properate, comites, et parate gladios! Scite noctem[1] esse amicam furum!' Tum Appius non iam dubitat cum Nonio viam relinquere. Amici procul a periculo fures in via currere vident. Tum Appius: ‚Gratias ago, Noni, quod pericula noctis nunc tandem scio. Iam credo noctem non sine periculis esse.'" Nunc Crassus poetam laudavit: „Bene narravisti, poeta! Constat fabulam[2] hospites delectavisse."

13 Die geheimnisvolle Höhle

Ubi servi et vinum et aquam portaverunt, hospites Crassum fabulam[2] oraverunt. Crassus: „Vultisne fabulam", inquit, „de nano[3] cognoscere?" Hospites: „Multa iam audivimus. Sed fabulam nani certe ignoramus." Crassus: „Vobis totam fabulam narro. Audite!

Sextus et Terentius fratres magnam silvam[4] petiverunt. Ibi pueri speluncam[5] intrare et spectare cupiverunt. Iam ante speluncam stant, intrare non dubitant. Pueri primo non timent. Tum autem vident sanguinem in solo[6] esse. Repente vox misera Sextum et Terentium terret: ‚Adeste mihi!' Fratres consistunt et audiunt: ‚Accedite et adeste mihi miserae!' Tandem pueri causam clamoris cognoscunt. Nanus[3] in spelunca ante magnam caveam[7] stat, ubi puellam miseram tenet.

[1] nox, noctis *f* *Nacht* – [2] fābula *Geschichte* – [3] nānus *Zwerg* – [4] silva *Wald* – [5] spēlunca *Höhle* – [6] solum *Boden* – [7] cavea *Käfig*

Magna voce clamat: ‚Tace, puella, si vivere vis!' Sextus puer: ‚Cur puellam tenes, nane[1]? Libera statim puellam miseram!' Nanus superba voce ridet: ‚Hahahae! Num putas pueros regem totius silvae[2] verbis terrere? Num regem silvae e spelunca[3] expellere vultis? Constat regem silvae pueros non timere.'

Iam Sextus nanum[1] malum attingere vult, sed frustra accedere parat; remanere debet. Nanus enim verbis magicis[4] Sextum a se prohibet. Nanus ridet: ‚Quid nunc facis, puer miser? Cur dubitas nanum corripere? Hahahae! Sors puellae misera est. Vobis certe non licet puellam liberare. Portate mihi herbam magicam[5] ex ultima provincia, si puellam tutam a morte videre vultis. Credite mihi: Multos pueros puellasque iam necavi. Itaque parete mihi et properate in provinciam, fratres boni!' Sextus per iram magna voce clamat: ‚Nunc tutus es, nane superbe, sed propter multa scelera mortem exspecta!' Terentius frater ‚Tace, Sexte', inquit, ‚et veni! Verbis et ira puellam non liberamus.

[1] nānus *Zwerg* – [2] silva *Wald* – [3] spēlunca *Höhle* – [4] magicus, a, um *magisch* – [5] herba magica *Zauberkraut*

Herbam magicam[1] nano[2] portare debemus.‘ Pueri puellam miseram nanumque superbum relinquunt et portam speluncae[3] petunt. Iam in magna silva[4] stant. Viam ad provinciam ultimam et ad herbam magicam ignorant ...“

14 Das Zauberkraut

Crassus subito tacet. Cuncti hospites oculos ad Crassum convertunt. Unus ex hospitibus Crassum rogat: „Cur non iam narras?“ Crassus: „Placetne vobis fabula[5] mea? Quis vestrum fabulam audire vult?“ Hospites una voce respondent: „Aperimus tibi sententiam nostram: Hospites cuncti fabulam audire volunt.“

„Gaudeo, quod vos labores Terenti et Sexti cognoscere vultis: Fratres in magna silva[4] fuerunt et de sorte sua consuluerunt: ‚Ubi sumus? Quis nobis iter in provinciam ultimam et ad herbam magicam[1] ostendit? Ne unus quidem homo adest.‘ Subito pueri vocem mulieris audiverunt: ‚Quis me vocat? Consistite, pueri! Nolite me timere! Amica hominum sum. Cuncti me reginam silvae[6] vocant. Sed dicite mihi: Quid vos hic agitis?‘

Terentius: ‚Nos hic magnam speluncam[3] spectare voluimus. Postquam in speluncam pervenimus, subito miseram vocem puellae audivimus. Primo causam clamoris ignoravimus. Itaque iter in altam speluncam fecimus. Ibi non solum nanum[2], sed etiam puellam miseram aspeximus. Nanus superbus puellam in spelunca tenet. Frustra nanum vincere et puellam liberare paravimus. Nanus herbam magicam[1] a nobis petit. Nos puellam a periculo servare cupimus. Adhuc puella viva est. Itaque te oramus: Ostende nobis viam in provinciam ultimam!‘

[1] herba magica *Zauberkraut* – [2] nānus *Zwerg* – [3] spēlunca *Höhle* – [4] silva *Wald* – [5] fābula *Geschichte* – [6] rēgīna silvae *Königin des Waldes*

Regina silvae[1]: ‚Certe scio herbam[2] non in provincia esse. Venite mecum! Herbam magicam[3] vobis ostendo, quod pueri boni estis et puellam liberare vultis. Tandem etiam alii homines nano[4] superbo restant.‘ Statim regina fratres ad herbam duxit. Ubi Terentius herbam vidit, accessit, herbam cepit, in toga sua deposuit. Regina: ‚Consilium tibi do: Attinge nanum herba! Ita tibi licet sine periculo nanum vincere. Herbam equidem nano dare non debes[5]; nam auxilio herbae nanus semper victor est.‘ Pueri reginae gratias egerunt et ad speluncam[6] properaverunt.

Ibi nanus[4] iam diu mansit et magna voce dixit: ‚Oh, tandem venitis. Portatisne herbam[2] vobiscum? An vos herbam in via amisistis? Si herbam habetis, date mihi munus bonum! Tum vobis licet caveam[7] aperire et cum puella viva speluncam[6] relinquere.‘ Terentius vero verbis nani non paruit. Ad nanum accedit, nanum herba attingit et – nanus repente non iam adest. Fratres riserunt et magna voce clamaverunt: ‚Nanum superbum vicimus. Victoria nostra est! Tandem te liberamus, puella. Veni nobiscum!‘ Ita pueri puellam servaverunt et speluncam reliquerunt.“

[1] rēgīna silvae *Königin des Waldes* – [2] herba *Kraut* – [3] herba magica *Zauberkraut* – [4] nānus *Zwerg* – [5] nōn dēbēre *nicht dürfen* – [6] spēlunca *Höhle* – [7] cavea *Käfig*

Unus ex hospitibus surgit et Crassum laudat: „Fabulam bonam nobis narravisti, Crasse! Alii te hospitem bonum, alii magnum poetam te vocant."

15 Der eingebildete Soldat

Crassus: „Gaudete mecum, hospites! Nam servi familiae nostrae fabulam agere[1] cupiunt. Audite et spectate!" Iam magnus servus, cui vestis imperatoris fuit, triclinium[2] intravit et voce superba clamavit: „Quis me nescit? Ego sum miles, quem cuncti hostes timent. Ego sum vir clarus, quem imprimis mulieres amant. Ego sum imperator, de quo cuncti homines narrant. Videte arma mea, quibus cunctos terreo et subicio!"

[1] fābulam agere *ein Theaterstück spielen* – [2] triclīnium *Speisezimmer*

Subito alius servus accessit et dixit: „Domine, tandem te convenio. Ubi fuisti?“ Miles: „Primo in taberna multis hominibus de bellis narravi, quibus in Africa et Italia interfui; deinde populus in foro arma mea aspicere cupivit. Homines me magnum victorem et exemplum virtutis appellaverunt. Qui virtutem meam non ignorant.“

„Certe scio fabulas tuas multitudini placuisse. Ego quoque semper fabulas[1] tuas audire cupio. Voce tua cunctos milites aliarum gentium terruisti, solus totas legiones hostium superavisti, solus oppida et cepisti et occupavisti. Cunctae mulieres te unum amant, tecum vivere cupiunt.“ Miles: „Tace! Nam narras, quae etiam pueri et puellae totius urbis non ignorant. Veni mecum in tabernam! Iam diu vinum bonum bibere volo.“

Qui postquam triclinium[2] reliquit, comes militis apud hospites mansit et dixit: „Dominus meus, cuius magnam virtutem cognovistis, non solum clarus, sed etiam stultus[3] est. Constat dominum meum semper falsa narrare, semper errare; tamen decrevi apud dominum manere, quia bene me curat. Quem si verbis bonis laudo, mihi semper magna munera, multos cibos, vina clara dat. Ita vita bona mihi est. Ecce! Bene convenimus: Alius dona et pecuniam praebet, alius pecunia et donis gaudet.“

Tum servus ad portam accessit: „Si ludus noster vobis placuit, vos oro: Plaudite[4]!“ Qui postquam triclinium[2] reliquit, hospites una voce clamaverunt: „Intrate, servi boni! Nam gratias agere volumus, quia magnum gaudium nobis paravistis.“ Paulo post servi, quorum ludum hospites magno cum gaudio aspexerunt, in triclinium pervenerunt. Quos hospites diu non dimiserunt et multis muneribus delectaverunt.

Tum Statilius, unus ex hospitibus, surgit et orationem habere instituit: „Gratias agimus tibi, Crasse, quia nobis licuit convivio bono interesse.

[1] fābula *Geschichte* – [2] triclīnium *Speisezimmer* – [3] stultus, a, um *dumm* – [4] plaudere, plaudō *Beifall klatschen*

Imprimis gratias agimus Aemiliae tuae, quae cuncta bene curavit salutique nostrae studuit.

Servis vestris quoque gratias agimus, qui nobis non solum multis cibis, sed etiam fabula[1] de milite superbo delectaverunt. Sed nunc relinquere vos debemus, quia iter domum facere volumus."

16 Gespensterbesuch um Mitternacht

Crassus eos hospites, qui iam vestes suas corripuerunt, paucis verbis tenere parat: „Manete, amici, et in aedibus nostris somnum capite! Profecto nocte summa pericula vos exspectant: Fures vobis insidias parant et totam pecuniam postulant. In viis errare debetis, quia nocte pauca solum videre potestis. Apud nos tuti a periculis noctis estis." Statilius: „Numquam noctem timui. Sed quia bene de periculis narravisti, consilio tuo paremus et ea nocte apud vos somnum capimus."

Paulo post hospites in cubiculo[2] somnum ceperunt. Multa nocte magnus clamor cunctos terruit. Statim surrexerunt, quia vox mulieris eos e somno excitavit: „Adeste mihi! Adeste mihi miserae! Aspexi larvam[3], quae primo ad portam cubiculi stetit, deinde propius ad me cucurrit, tum me attigit et pepulit. Postquam clamavi, larva statim e cubiculo contendit. Certe scio larvam unum e nobis necare voluisse." Statilius, magnus vir, risit: „Hahahae! Cur larvam non expulisti, amica? Noli timere! Quis vestrum eam larvam animadvertit? Mihi equidem ea larva se non ostendit." Cuncti tacuerunt, non responderunt. Nam larvam non viderunt.

[1] fābula *Geschichte* – [2] cubiculum *Schlafzimmer* – [3] lārva *Gespenst*

Statilius: „Crede comitibus, amica. Larvae[1] non licuit nos in cubiculo[2] terrere. Ego enim portam clausi. Tu vides ea, quae non sunt. An, dum[3] somnum cepisti, putavisti eum nanum[4] accessisse, de quo hodie audivimus?

An timuisti eum furem, de quo poeta bonus nobis narravit? Is fur non tibi, sed Appio mercatori insidias paravit. Itaque cape nunc somnum!" Nunc cuncti riserunt. Sed mulier: „Certe larvam[1] aspexi. Itaque somnum capere mihi non iam licet." Statilius eam accusavit: „Noli nos multa nocte convocare! Nos enim somnum capere cupimus."

Profecto mulier somnum non iam cepit, sed semper ad portam spectavit. Ecce! Subito ea porta patet ... mulier larvam[1] intrare videt ... magna voce clamat: „Larva adest, larva adest! Corripite larvam!" Profecto cuncti hospites nunc eam larvam aspexerunt.

[1] lārva *Gespenst* – [2] cubiculum *Schlafzimmer* – [3] dum *während* – [4] nānus *Zwerg*

Etiam vocem eius audiverunt: „Iam di-di-diu in eis ae-aedibus vi-vivo. Cu-cuncti ho-homines me ti-timent. Id vo-vobis impero, i-id po-postulo: Remanete in eo cu-cubiculo[1], si su-summam ca-calamitatem atque sanguinem vi-vitare vu-vultis! Cu-biculum re-relinquere vo-vobis prima lu-luce licet. Ego nu-nunc discedere de-debeo." Hospites larvae[2] non restiterunt, sed eius verbis paruerunt. Paulo post Statilius: „Profecto larva adfuit, quam nos cuncti vidimus. Bene agis, si me accusas, amica: Verbis enim tuis non credidi, frustra nos monuisti. Ignosce[3] mihi, quod te non a larva defendi!" Profecto hospites ea nocte e cubiculo non discesserunt.

17 Wer ist das Gespenst?

Prima luce Aemilia domina hospites iam in triclinio[4] exspectavit. Quae rogavit: „Cur non ridetis, cur tacetis? Nonne vobis cubiculum[1] nostrum placuit?" Statilius respondit: „Nos cubiculo pulchro contenti fuimus, Aemilia. Cuncta bene paravisti et curavisti. Sed multa nocte larva[2] potens nos e somno excitavit et cunctos, qui adfuerunt, verbis inimicis terruit." Aemilia risit: „Iam diu te, Statili, cognovi et perspexi: Cum multi adsunt, qui audiunt, semper ioca agis[5]. Equidem censeo ingentem larvam ad vos pervenisse, aurum a vobis postulavisse, corpora vestra attigisse."

Statilius: „Crede mihi, Aemilia, ioca nunc non ago[5]: Ego quidem vera narro. Profecto larvam[2] aspeximus, quae etiam corpus amicae nostrae attigit." Aemilia: „Etsi semper bene narras, amice, ea nova fabula[6] fabulis aliis tuis praestitit. E verbis tuis conicio: Quamquam larva potentia sua valuit, tamen tu eam magna cum virtute pepulisti, vicisti, ex aedibus expulisti. Hahahae!

[1] cubiculum *Schlafzimmer* – [2] lārva *Gespenst* – [3] īgnōscere, īgnōscō *verzeihen* – [4] triclīnium *Speisezimmer* – [5] ioca agere *Späße treiben* – [6] fābula *Geschichte*

Nunc scio: Tu is miles es, qui semper de se et de virtutibus suis falsa narravit, qui sine copiis et sine armis cunctos hostes superavit, qui multa regna sibi adiunxit." Statilius: „Confide verbis meis: Vera dico, Aemilia! Nos cuncti larvam[1] non solum oculis nostris animadvertimus, sed etiam vocem eius audivimus. Summo in periculo fuimus. Imperio vehementi eius parere debuimus: Per totam noctem cubiculum[2] non reliquimus." Aemilia: „Nunc te oro: Tace et cena! Veni, Balbe serve, et porta bonos cibos tecum!"

Paulo post Balbus servus in triclinium[3] cucurrit et ante hospites stetit. Dum mensam ornat, dixit: „Gau-gaudeo, quod mi-mihi licet vobis ce-cenam po-portare, ho-hospites. Vi-videte co-copiam ciciborum bo-bonorum!" Subito Statilius ingenti voce risit et clamavit: „Hahahae! Ubi vocem tuam audivi, Balbe, larvam[1] noctis cognovi. Parentes tui bene te Balbum[4] appellaverunt." Nunc cuncti hospites riserunt, non iam timuerunt. Cognoverunt enim larvam potentem Balbum adulescentem fuisse!

[1] lārva *Gespenst* – [2] cubiculum *Schlafzimmer* – [3] triclīnium *Speisezimmer* – [4] Balbus *„der Stotterer"*

Dum hospites rident, Aemilia domina Balbum servum magna voce monuit: „Cur, Balbe, amicos nostros ita terruisti? Num bonis moribus cares?“ Balbus: „Hospites fa-fabulam[1], quam e-egimus, ma-magno cum gau-gaudio spectaverunt. Itaque decrevi etiam nocte hospitibus gaudium parare. Sed eos te-terrere ce-certe non volui. No-noli me per iram accusare!“ Crassus: „Ignoscimus[2] tibi. Propera nunc ad labores tuos!“ Balbus gaudet: „Gra-gratias ago vo-vobis, domina et domine, quia me non ex-expellitis. Ea, quae iu-iubetis, facere cu-cupio.“ Post cenam hospites Crasso et Aemiliae salutem dixerunt et domum properaverunt.

18 Überfall und Entführung

Dum Aemilia et Crassus diu de Balbo cogitant, Porcius senex, amicus familiae, aedes intravit. „Salve, Porci!“ „Salvete, amici! Nonne iter paratis, de quo mihi nuper narravistis?“ „Iam diu iter paramus, sed larva[3] nos a laboribus prohibuit.“ „Quid narras, Crasse? Nemo nescit larvas non esse. Ego numquam larvam vidi. Liberi solum putant larvas nocte per aedes errare et homines terrere.“ Statim Aemilia seni cuncta de ea nocte, de larva, de Balbo servo narravit.

Senex risit, tum dixit: „Nunc autem properare debetis, si urbes novas, montes altos, templa clara cognoscere vultis. Veni ad vos, quia vobis dona dare cupio. Tibi, Aemilia, librum do, in quo scribere[4] potestis ea, quae in itinere vestro videtis. Et tibi, Crasse, eum gladium do, cuius auxilio te tuosque defendere potes.“ Iis verbis senex dona pulchra Aemiliae et Crasso dedit. Ii seni, qui iam per portam excessit, gratias egerunt.

[1] fābula *Geschichte* – [2] īgnōscere, īgnōscō *verzeihen* – [3] lārva *Gespenst* – [4] scrībere, scrībō *schreiben*

Paulo post Aemilia domina servos et servas convocavit: „Accedite et audite! Quia iter facere cupimus, iubemus vos cuncta parare. Flave, cura equos, et tu, Barbara, para cibos! Balbe, tecum iter facere volumus." Dum Balbus magno cum gaudio ad laborem accedit, Crassus cum Aemilia ex aedibus excessit et ad templum Mercurii[1] properavit. Ibi deum auxilium pro itinere orare et eius aram attingere volunt. Sciunt enim Mercurium eis, qui iter faciunt, adesse. Sed apud templum ingentem multitudinem hominum esse animadvertunt. Aemilia Crassum interrogat: „Cur etiam ii homines aram dei attingere cupiunt?" Crassus respondit: „Hic nonnullos mercatores prospicis. Qui putant Mercurium eis, qui negotia faciunt, semper adfuisse et adesse."

Postquam Aemilia et Crassus a templo ad aedes suas pervenerunt, Balbum viderunt, qui iam diu dominum et dominam exspectavit. Quem interrogaverunt: „Paravistisne cuncta, quae vobis imperavimus, Balbe?" Qui respondit: „Iter statim facere vobis licet. Carruca[2] adest, quam equi boni ducunt; etiam cibos, aquam, vestes in carrucam portavi." Aemilia: „Quod bene fecisti. Scimus te bonum comitem esse. Sed narra nobis: Cur non iam lingua haesitas[3]?" Balbus: „Lingua non haesito, quia non timeo. Cum timeo, mihi bene dicere non iam licet. Vultisne iocum[4] audire?" „Narra, Balbe!" „Dominus servum suum pepulit, quia is non laboravit. Qui dominum interrogavit: ‚Cur me pepulisti, quamquam scis me nihil[5] fecisse?' Dominus respondit: ‚Te pepuli, quia scio te nihil fecisse.'" Crassus et Aemilia riserunt.

Paulo post in carruca[2] fuerunt, cum Balbus equis signum dedit; iam equi carrucam per vias duxerunt. Balbus equos temperavit. Dum iter per silvam[6] faciunt, Crassus et Aemilia somnum ceperunt. Subito oculos aperuerunt, quia Balbum clamare audiverunt: „Ni-nihil me-mecum ha-habeo, viri! Pe-pecunia mi-mihi ce-certe non e-est!"

[1] Mercurius *Merkur (Gott der Kaufleute, der Reisenden und der Diebe)* – [2] carrūca *Reisekutsche* – [3] linguā haesitāre *stottern* – [4] iocus *Witz* – [5] nihil *nichts* – [6] silva *Wald*

Statim Aemilia et Crassus cognoverunt fures improbos Balbo insidias paravisse. Balbum lingua haesitare[1] animadverterunt: „Di-dimittite me, do-domini boni!“ Tum Aemilia et Crassus unum e viris magna voce ridere audiverunt: „Hahahae! Putasne nos dominos bonos? Ego sum dominus furum ferorum, quos hic vides. Videsne arma nostra? Quibus armis iam multos homines laesimus et ingentia scelera commisimus. Sed responde nunc! Habesne comites tecum?“

In carruca[2] Crassus protinus gladium corripuit et Balbo adesse paravit – sed servum bonum ea verba dicere audivit: „Ne-nemo me-mecum est. So-solus iter fa-facio.“ Aemilia maritum interrogavit: „Cur Balbus falsa narrat?“ Crassus: „Nos a viris improbis servare vult.“ Tum vocem inimicam furis audiverunt: „Quin propius accedis, miser? Ostende nobis cuncta, quae tecum portas! Puto ingentem copiam auri in carruca esse.“ Statim Crassus ad Aemiliam: „Viri feri nos hic reperire non debent[3], quia Balbus dixit comites in carruca non esse.“

[1] linguā haesitāre *stottern* – [2] carrūca *Reisekutsche* – [3] nōn dēbēre *nicht dürfen*

Protinus maritus et uxor multas vestes in capita et corpora sua coniecerunt. Iam unus e furibus in carrucam[1] ruit, cuncta spectavit, paulo post clamavit: „Profecto nemo in carruca est. Solum magnam copiam vestium video." Tum fur carrucam reliquit. Aemilia et Crassus audire studuerunt ea, quae viri improbi dixerunt et fecerunt. Sed nihil audiverunt.

Postquam diu in carruca[1] manserunt, primo Crassus excessit. Ubi vidit neminem adesse, uxorem arcessivit. Ii duo soli in silva[2] ingenti steterunt. Cognoverunt viros feros non solum Balbum, sed etiam equos abduxisse. Aemilia: „Balbus bonus nos e periculo servavit, quia furibus dixit se sine comitibus iter fecisse. Sed quis ei adest? Cur homines improbi eum nobis eripuerunt? Cupiuntne eum necare? Putavi Mercurium[3] deum nos a periculis itineris semper servare." Crassus respondit: „Nonne scis Mercurium non solum iis, qui iter faciunt et negotia agunt, sed etiam furibus adesse? Noli desperare de salute Balbi nostri! Manifestum est nos auxilio deorum Balbum liberare posse. Noli flere et timere, Aemilia!"

19 Das Geisterdorf und das Rätsel am Fluss

Quamquam Crassus et Aemilia iam diu iter in via faciunt, neminem vident. Tandem via angusta eos in vicum[4] ducit. Sed ibi neque[5] homines neque bestias vident. Magna voce clamant: „Ubi estis, qui hic vivitis?" Iterum atque iterum vocant, sed nemo respondet. Aemilia: „Numquam vicum sine hominibus et bestiis esse vidi. Nemo adest. Neminis vocem audio. Quae mihi non placent. Crasse, te oro: Hic diu manere non debemus."

Dum id dicit, post aedes hominem stare sensit. Crassus statim vocavit: „Quis es? Consiste! Quin ad nos venis?"

[1] carrūca *Reisekutsche* – [2] silva *Wald* – [3] Mercurius *Merkur (Gott der Kaufleute, der Reisenden und der Diebe)* – [4] vicus *Dorf* – [5] neque ... neque *weder ... noch*

Paulo post puellam pulchram viderunt, quae primo accedere dubitavit, tum tandem accessit. Postquam virginem interrogaverunt, narravit ea, quae vidit: „Paulo ante plerique homines, qui hic vivunt, cum familiis suis in silvas[1] ruerunt. Ii cuncta, quae habent, secum rapuerunt, quia per nuntios cognoverunt vires tyranni[2] ad vicum[3] nostrum accedere. Milites autem tyranni nonnullos e nobis, qui in vico manserunt, ceperunt et in urbem tyranni abduxerunt." Crassus: „Cur id faciunt?"

Virgo: „Id facere tyrannus[2] iubet. Scio eum apud milites eam orationem habuisse: ‚Audite, milites! Iam diu scitis me summum imperatorem esse. Populus totus me amat. Itaque vis mea crevit et adhuc crescit. Oportet me, summum imperatorem, ludos ingentes committere eisque populum meum delectare. Capite viros ex oppidis et vicis hostium! Abducite eos in urbem meam! Volo eos apud nos pro vita sua pugnare.' Scire debetis tyrannum semper contendere se regem bonum esse. Sed plerique negant eum regem bonum esse.

[1] silva *Wald* – [2] tyrannus *Tyrann, Gewaltherrscher* – [3] vīcus *Dorf*

Is enim semper scelera committit. Nuper audivi tyrannum[1] amicum ad cenam vocavisse. Diu vino se dederunt, cum subito tyrannus hominem miserum sine causa necavit. Paulo post propinqui corpus eius miseri in ripa reppererunt. Nemo nescit tyrannum vi, sanguine, necibus gaudere. Sed e vobis quaero: Cur vos in id regnum venistis?“

Postquam Crassus causam itineris narravit, dixit: „Conicio milites tyranni[1] Balbum nostrum quoque rapuisse et in urbem tyranni abduxisse. Virgo, ostende nobis viam ad eam urbem!“ Puella: „Consilium vobis do: Contendite domum, si vivi in patriam venire vultis. Nolite curare sortem salutemque servi vestri! Quem vobis propter ingentem vim tyranni liberare numquam licet.“ Crassus: „Nos animo deficere non debemus: Balbum tyranno eripere debemus. Ubi est urbs tyranni?“ Virgo: „Me vos frustra monuisse nunc cognosco. Videsne viam angustam? Quae vos primo ad ripam, tum ad urbem ducit. Valete!“ Postremo ad ripam venerunt. Ibi magnum virum in nave sedere[2] viderunt.

[1] tyrannus *Tyrann, Gewaltherrscher* – [2] sedēre *sitzen*

Dum accedunt, is voce inimica interrogavit: „Quid vultis?“ Crassus: „Salve, domine! Oro te: Porta me et Aemiliam, uxorem meam, nave tua ad ripam aliam!“ Vir: „Quid mihi pro eo auxilio das?“ Crassus: „Totam pecuniam, quam mecum habeo, tibi concedo.“ Sed vir voce superba: „Pecuniam non quaero. Si in ea nave considere vis, da mihi pulchram uxorem tuam aut[1] solve aenigma[2]!“ Aemilia voce vehementi clamavit: „Puto non matrem, sed bestiam te aluisse, improbe, quia mores bonos nescis. Crasse, veni mecum! Aliam viam ad Balbum reperire debemus.“ Crassus: „Mane, uxor bona! Aenigma solvere cupio.“

Vir risit: „Hahahae! Tibi uxor bona fuit. Iam Aemilia mea est, quia aenigma solvere[2] tibi numquam licet. Audi! Num licet tibi e verbo ‚summus‘ dua verba et unam sententiam facere?“ Verba viri improbi Aemiliam terruerunt. Crassus autem non timuit. Qui dum de duobus verbis cogitat, vir improbus ad Aemiliam: „Veni ad me, mulier pulchra, immo iam uxor mea! Ecce! Iam vires animi Crassum deficiunt.“ Ubi Crassus ea verba audivit, per iram clamavit: „Tace! Si existimas te potentem esse, erras. Audi! Aenigma enim solvi. Si tu dicis ‚Non summus sum, sed sum mus[3]‘, verum dicis. Non enim vir, sed mus es. Sentisne nunc me te superavisse? Porta nos nunc nave ad ripam aliam!“ Vir protinus imperio Crassi paruit. Paulo post Aemilia et Crassus in alia ripa steterunt.

20 In der Tyrannenstadt

Aemilia et Crassus sentiebant se nunc in finibus tyranni[4] esse. Ingentia moenia urbis videbant. Post urbem mare ingens et obscurum erat, quod ventus vehemens turbabat. Undae vi ingenti in alias undas ruerunt.

[1] aut *oder* – [2] aenigma solvere *ein Rätsel lösen* – [3] mūs, mūris *m Maus* – [4] tyrannus *Tyrann, Gewaltherrscher*

Iam Aemilia et Crassus ante muros atros erant, cum milites, qui in equis sedebant[1], magna cum celeritate e porta excesserunt. Unus ex iis subito dextera signum dedit. Statim ceteri equi in via steterunt. Milites diu oculis inimicis Aemiliam et Crassum observabant. Sinistra equos ducebant, dextera arma tenebant.

Quorum imperator superba voce dicebat: „Nonne scitis, miseri, cunctos homines viam relinquere debere, quotiens milites regis accedunt? Discedite de via, si vivere vultis!" Post ea verba inimica is gladio togam Crassi attingebat et „Num sentis", inquit, „mortem, hospes? Vide!" Subito miles se convertebat et monumentum dei, quod ad viam erat, gladio laedebat. Dum eius comites rident, imperator magna voce clamabat: „Ita cunctos laedimus et necamus, qui nobis restant. Deos semper risimus et ridemus. Num ii hominibus adsunt? Ubi sunt? Iam multos homines miseros necabam, qui frustra auxilium a deis petebant. Sed numquam deos, qui homines a periculo servabant, videbam. Cur nos deos colere et timere oportet, quamquam nos non curant?

[1] sedēre *sitzen*

Nos, milites regis, deos superamus, immo dei novi sumus. Quis enim vim nostram non timet?"

Crassus ex eo quaesivit: „Aperi mihi, miles, nomen[1] eius urbis!" Imperator: „Cuncti eam urbem Tyrannopolim appellant, et eos, qui hic vivunt, Tyrannopolitanos. Quorum maiores piratae feri erant. Nemo in toto mari ab iis tutus erat. Patres nostri naves occupabant, aurum, vina, arma nautarum rapiebant, captivos in urbem trahebant. Nautae, qui iis restare parabant, in undis maris vitam amittebant. Audi, hospes! Semper victores eramus et sumus. Quotiens copiae gentium aliarum urbem nostram petebant, hostes a muris prohibebamus. Intrate Tyrannopolim, urbem pulchram, et cognoscite potentiam eius urbis! Nos enim in fines hostium properare debemus." Statim milites Aemiliam Crassumque relinquebant.

Aemilia: „O nos miseros! Nonne cognovisti cunctos, qui in ea urbe atra vivunt, sceleratos, piratas, viros improbos esse? Quin in patriam pulchram contendimus? Patriam desidero. Ibi non solum in tuto sumus, sed etiam quiescere tandem licet. An existimas te solum tyrannum[2] vincere et Balbum liberare posse?" Crassus umeros et caput eius attingebat: „Cur times, lux mea? Nonne sensisti Mercurium[3] deum nobis adfuisse? Num milites nos corripuerunt? Num nos laeserunt? Num nos necaverunt? Mercurius nos semper a periculis servabat et servat. Dei enim salutem hominum curant."

Paulo post per magnam portam in urbem perveniebant. Ibi multitudinem hominum aspiciebant, qui ad ingens templum accedebant. Cuncti cibos et dona portabant. Crassus: „Credisne nunc verbis meis? Sunt et hic dei, quibus homines muneribus gratias agunt. Non timeo eos homines, qui deos colunt. Veni mecum, Aemilia! Scire cupio, quem e deis ii colunt." Iam Crassus et Aemilia in copia eorum, qui templum petebant, erant. Cuncti tacebant, nemo ridebat.

[1] nōmen, nōminis *n* *Name* – [2] tyrannus *Tyrann, Gewaltherrscher* – [3] Mercurius *Merkur (Gott der Kaufleute, der Reisenden und der Diebe)*

Itaque Crassus unum ex iis quaerebat: „Cur tacetis, quamquam templum non intravistis?“ Vir respondit: „St! Nonne vides milites, qui nos observant? Neque dicere neque ridere debemus.“

Profecto Crassus magnos viros animadvertebat, qui ante templum stabant et oculos semper in turbam convertebant. Tamen Crassus iterum interrogabat: „Cur multi homines hodie templum intrant?“ Vir primo respondere dubitabat, tum: „Mos novus est“, inquit, „quem tyrannus[1] nobis imperavit.“ Iterum tacebat, quia sentiebat unum e militibus sinistra signum dare. Tandem templum intrabant ...

21 Im Tempel der sprechenden Statue

Postquam Aemilia et Crassus cum omnibus hominibus in sacrum ingens inierunt et constiterunt, primo carmina puerorum et puellarum tantum audiebant. Crassus: „Certe liberi iis carminibus nobilibus deum eius templi colunt. Placentne tibi carmina pulchra, Aemilia?“ Aemilia respondere parabat, cum subito vidit ingentem statuam[2], cuius caput tectum[3] templi attingebat. Quae uno oculo inimico homines aspexit et terruit. Omnes homines statim se ante statuam in terram[4] miserunt. Aemilia et Crassus solum stabant et monumentum ingens dei spectabant. Videbant magnam serpentem[5] in umeris eius esse. Et animadvertebant deum unum tantum oculum habere. Dextra tridentem[6] tenebat, sinistra caput leonis[7] attingebat. Crassus et Aemilia paene putaverunt leonem magnum clamorem tollere. Aemilia: „Quis is deus est, Crasse?“ Crassus: „Paulo ante existimavi me deos et monumenta eorum non ignorare. Sed non facile est statuam eius dei cognoscere.“

[1] tyrannus *Tyrann, Gewaltherrscher* – [2] statua *Standbild, Statue* – [3] tēctum *Decke* – [4] terra *Erde* – [5] serpēns, serpentis *f* *Schlange* – [6] tridēns, tridentis *m* *Dreizack* – [7] leō, leōnis *m* *Löwe*

Subito statua[1] magnam vocem ex ingenti corpore misit: „Cuncti, qui hic estis, audite verba dei novi! Sum Tyrannus[2] rex, cuius imperio omnes gentes parent. Potens sum: Aspicite tridentem[3], quem sinistra mea gero! Spectate etiam bestias fortes et feras, quae omnes, qui mihi instant, necant! Videte signum manifestum virtutis meae: Quamquam hostis in proelio mihi lucem unius oculi eripuit, tamen me neque turbavit neque terruit. Immo animus mihi tum ex periculo crevit. Non e proelio excessi, sed surrexi, vi ingenti in hostem rui, eum tridente laesi. Paulo post periit.

Omnes milites tum virtutem meam laudabant et me novum imperatorem appellabant. Hodie non solum rex populi potentis sum, sed etiam deus: Appellate me Neptunum novum, imperatorem nobilem maris! Omnes, qui maria navibus classibusque transeunt, mihi uni parere, me unum timere, me unum colere debent. Adite nunc et date mihi munera vestra! Quia mihi semper paretis, vos ludis novis et gratis delectare volo.

[1] statua *Standbild, Statue* – [2] tyrannus *Tyrann, Gewaltherrscher* – [3] tridēns, tridentis *m Dreizack*

Milites mei ingentem praedam fecerunt; nam multitudinem virorum et adulescentium e cunctis gentibus abduxerunt. Nunc audite! Vos eos captivos mox[1] in magno spectaculo[2] videre potestis. Gaudete mecum iis ludis! Cognoscite vim atque potentiam ceteras virtutes hominum superare!“

Dum Aemilia et Crassus statuam[3] spectant et eius verba audiunt, non senserunt nonnullos milites ad se adiisse. Qui inimica voce interrogaverunt: „Cur statis? Quin Neptunum novum et potentem more ceterorum hominum colitis?“ Crassus probus respondit: „Deum verum colere numquam negavi, sed hominem colere semper nego. Nonne sentitis id non monumentum dei veri, sed hominis scelerati esse, qui vult omnes putare se deum esse? An existimatis deum eas voces misisse? Conicio virum in corpore statuae esse, qui magna voce eam orationem habuit. Ita tyrannus[4] vos fefellit; nam non ignorat facile esse eos regere, qui timent.“

Milites protinus Crassum et Aemiliam corripuerunt et e templo traxerunt: „Ite, captivi! Dominum nostrum verbis improbis laesistis. Nonne scitis eius iram vehementem esse?“ Dum templum transeunt, Aemilia: „Iam“, inquit, „periimus. Non iam licet mortem fugere. Fortuna nos deseruit.“

22 Die Entscheidung in der Seeschlacht

Milites Aemiliam et Crassum per vias angustas ad summum locum[5] urbis ducebant. Ibi arx[6] atra tyranni[4] erat. Unus e militibus dixit: „Vos fortunam tristem fugere non potestis. Iam multi, qui regem nostrum verbis laeserant, eum frustra vitam orabant.

[1] mox *bald* – [2] spectāculum *Schauspiel* – [3] statua *Standbild, Statue* – [4] tyrannus *Tyrann, Gewaltherrscher* – [5] locus *Ort, Platz* – [6] arx, arcis *f* *Burg*

Postquam eos necavit, nos iussit eorum corpora de navibus in altum mare mittere, capita eorum ante portam arcis[1] deponere. Videtisne montem, quem e capitibus hominum instituimus? Tyrannus[2] eum montem ‚monumentum potentiae' appellat. Puto eum id monumentum capitibus vestris ornare velle." Tum miles, qui id narraverat, ridere non desinebat.

Aemiliam paene vires deficiebant, sed Crassus uxorem tenebat et secum trahebat. Iam per ingentem portam arcem[1] inierant. Muri alti arcem muniebant. Ante aedificium atrum duae statuae[3] erant. Crassus primo statuam sinistram spectabat. Adulescens erat, qui sedebat et magno cum gaudio librum legebat. Tum Crassus ad aliam statuam ibat. Virum videbat, cui unus oculus solum erat. Sinistra tridentem[4], dextera caput hostis tenebat.

Subito Aemilia et Crassus vocem superbam post se audiebant: „Quid hic videtis? Placentne vobis ea monumenta?" Protinus Aemilia et Crassus se convertebant et regem crudelem aspiciebant: Ingens corpus, umeros fortes, unum oculum viri potentis videbant. Qui dixit: „Si statuas[3] spectatis, me et vitam meam spectatis. Hic adulescentem videtis, qui sua vita pulchra gaudebat, ibi virum videtis, quem hostis laesit, cui hostis cum oculo gaudium vitae eripuit, cuius ira ingens est. Vos quoque hostes estis: Nam vos me, deum novum, in meo templo verbis improbis laesistis. Non pii fuistis: Me enim deum verum esse negavistis."

Crassus: „Te certe laedere non cupivimus. Balbum tantum, servum nostrum, reperire volumus. Scelerati eum rapuerunt. Quia is more amici probi nos a periculo servavit, ei nunc adesse cupimus. Nam amico adesse signum verae virtutis est. Estne apud te adulescens, qui lingua haesitat[5]?" Tyrannus[2]: „Meae copiae undique adulescentes et viros abducunt, qui populum meum proeliis et morte sua delectare debent. Puto Balbum vestrum in turba eorum esse.

[1] arx, arcis *f* *Burg* – [2] tyrannus *Tyrann, Gewaltherrscher* – [3] statua *Standbild, Statue* – [4] tridēns, tridentis *m* *Dreizack* – [5] linguā haesitāre *stottern*

Quamquam facile non est eum in multitudine hominum reperire, iubeo milites Balbum arcessere. Nam mihi consilium pulchrum est: Populo meo magnam naumachiam[1] praebere volo. Itaque servi naumachiam[2] muniverunt, in qua ii considunt, qui proelia navium spectare cupiunt. Nunc audi! Dum ego classem legionibus meis compleo, tu naves tuas copia captivorum complere potes. Milites, abducite eos nunc ad ceteros captivos! Bene quiescere enim debent, si nos superare volunt. Volo vos somnum facilem et altum capere. Hahahae!“

Paulo post Aemilia et Crassus profecto cum Balbo conveniebant. Diu de insidiis sceleratorum et de periculis itineris narrabant, tum quiescebant. Prima luce clamores militum Crassum, Aemiliam, ceteros captivos excitabant: „Excedite et currite nobiscum ad litus! Ibi naumachia[2], ibi naves sunt.“ Dum Aemilia remanere debet, Crassus et Balbus cum ceteris captivis arcem[3] atram tyranni[4] relinquebant. Ubi ad litus maris pervenerunt, naumachiam, quam servi muniverant, aspexerunt. Multi homines, qui proelia navium spectare cupiebant, aderant. Iam diu agmen captivorum miserorum exspectaverant. Magnum clamorem tollebant, cum subito et legiones tyranni et copiae captivorum naves inierunt. Aliam classem tyrannus, aliam Crassus temperabat.

Tyrannus[4] crudelis in alta nave stetit et magna voce clamavit: „Vos omnes, qui adestis, audite! Videte me meosque in captivos pugnare. Nos pro victoria potentiae pugnamus, ii milites virtutis se appellant. Cognoscite potentiam semper virtutem superare!“ Postquam id dixit, signum dedit: Iam naves celeres tyranni ad classem Crassi accesserant, iam milites tyranni in naves captivorum transierant. Proelium crudele nunc in navibus fuit. Nonnulli captivi proelium timuerunt et de navibus altis in aquam se miserunt. Plerique autem magna cum virtute pugnabant. Sed copiae Crassi militibus tyranni non diu restiterunt.

[1] naumachia *künstliche Seeschlacht* – [2] naumachia *hier: künstlicher See für eine Naumachie* – [3] arx, arcis *f* *Burg* – [4] tyrannus *Tyrann, Gewaltherrscher*

Ubi Crassus animadvertit milites tyranni[1] viros suos superare, Balbo comiti imperavit: „Converte navem nostram propius ad navem tyranni! Sentio deos me postulare. Qui cupiunt me in eum pugnare." Paulo post Crassus in nave tyranni erat. Is voce superba ridebat: „Hahahae! Ubi est virtus tuorum, captive? Milites mei virtutem vestram e navibus in aquam miserunt. Hahahae! Veni, Crasse, et mecum de vita et morte pugna! Omnes animadvertere debent me semper victorem esse!" Profecto nunc nemo militum et captivorum iam pugnabat; omnes oculos in Crassum et in tyrannum converterant. Tyrannus magna cum celeritate accessit et tridente[2] ingenti umerum sinistrum Crassi laesit.

Aemilia, quae omnia ex alta arce[3] observabat, frustra lacrimas tenebat. Mortem mariti timebat. Videbat tyrannum[1] crudelem Crasso summa vi instare. Animadvertebat maritum suum tyrannum fugere. Magna voce clamavit: „Gere te fortem, Crasse! Nos omnes triste fatum manet, si pugnare desinis!"

[1] tyrannus *Tyrann, Gewaltherrscher* – [2] tridēns, tridentis *m* *Dreizack* – [3] arx, arcis *f* *Burg*

Crassus ubi ea verba uxoris audivit, non iam tyrannum[1] fugit, sed constitit et se convertit. Etiam tyrannus non iam cucurrit. Constitit et tridentem[2] in corpus Crassi convertit: „Sentisne mortem, hospes? Existimo te ‚monumentum potentiae' non ignorare. Quod monumentum iam diu capite tuo ornare cupio." Crassus per iram: „Tace, scelerate, et cognosce vim veram virtutis!" Quibus verbis in tyrannum ruit et cum gladio necavit. Omnes corpus ingens tyranni in aquam ruere videbant.

Primo cuncti tacebant, deinde clamabant et gaudebant. Sciebant enim nece eius regis improbi finem potentiae crudelis adesse. Magnis vocibus virtutem Crassi laudabant. Is paulo post cum Balbo servo et Aemilia uxore iter domum faciebat. In itinere ex Aemilia quaerebat: „Cur Porcius amicus librum tibi donavit?" Aemilia: „In eo libro sunt omnia, quae et audivimus et vidimus et sensimus. Nam existimo liberos sextae classis[3] ea omnia magno cum gaudio legere. At nunc ego gaudeo, quod periculorum bonus est

FINIS.

[1] tyrannus *Tyrann, Gewaltherrscher* – [2] tridēns, tridentis *m* *Dreizack* – [3] sexta classis *f* *hier: die 6. Klasse*